EENE RECHTSVRAAG OMTRENT HANDELSZAKEN.

(art. 1b W. v. K. en 298 W. v. B. Rv.)

EENE RECHTSVRAAG OMTRENT HANDELSZAKEN
(art. 1[b] W. v. K. en 298 W. v. B. Rv.)

PROEFSCHRIFT,

TER VERKRIJGING VAN DEN GRAAD VAN

DOCTOR IN DE RECHTSWETENSCHAP,

AAN DE

RIJKSUNIVERSITEIT TE UTRECHT,

NA MACHTIGING VAN DEN RECTOR-MAGNIFICUS

D[r]. N. W. P. RAUWENHOFF,

HOOGLEERAAR IN DE FACULTEIT DER WIS- EN NATUURKUNDE,

VOLGENS BESLUIT VAN DEN SENAAT DER UNIVERSITEIT

TEGEN DE BEDENKINGEN DER

RECHTSGELEERDE FACULTEIT,

TE VERDEDIGEN

op Dinsdag den 18[n] November 1884, des namiddags te 3 uren

DOOR

Antoine Ferdinand Eugène Hubert van OPPEN,

geb. te Maastricht.

GULPEN, M. ALBERTS. 1884.

Bij het verlaten van de Universiteit betuig ik aan de Hoogleeraren der Juridische Faculteit mijnen dank voor het genoten onderwijs en in het bijzonder aan den Hoogleeraar Mr. H. J. Hamaker, voor de welwillende opmerkingen. mij met betrekking tot dit Proefschrift gemaakt.

Dankbare hulde zij tevens gebracht aan de nagedachtenis van mijnen ontslapen leermeester, den Hoogleeraar Mr. J. A. Fruin.

Behoort eene handeling tusschen een koopman en een niet-koopman [1]) tot het handelsrecht of niet? ziedaar de questie, die ik wensch te behandelen in dit proefschrift, dat de Wet op het Hooger onderwijs gebiedend van mij vergt. Meermalen is met die rechtsvraag verward deze andere, of eene handeling al dan niet is eene daad van koophandel: of b. v. *koop* in art. 3 W. v. K. ook *verkoop* bevat; of de verkooper van waren, welke met het doel om ze weder te verkoopen zijn ingekocht, een handelsdaad verricht; doch dit alles ligt buiten de grenzen van dit opstel. Alleen dit geval zal ik bespreken:

> *wanneer twee partijen met elkander eene overeenkomst aangaan van dien aard, dat door het sluiten daarvan de eene eene handelsdaad pleegt, doch de andere niet, is dan dat contract en het daaruit ontstaande geschil al dan niet eene handelszaak?*

Een voorbeeld diene ter opheldering: een landbouwer verkoopt door hem geteelde vruchten aan een koopman in granen, die ze kennelijk koopt om ze weder te verkoopen; omnium consensu verricht de eerste daardoor geene daad van koophandel, de laatste echter wel, zijn de handelsrechtelijke regelen nu op die handeling toepasselijk? en zoo ja, in hoeverre?

---

1) Gemakshalve noem ik dengene, die de daad van koophandel verricht, handelaar of koopman en dengene, die de bloot burgerlijke handeling pleegt, niet koopman of particulier.

Van groot practisch belang is de beantwoording dezer strijdvraag, want daarvan hangt af de toelaatbaarheid van het getuigenbewijs, de toepasselijkheid der speciale handelsprocedure, de verschillende berekening der wettelijke interessen. Derhalve mag het vreemd genoemd worden, dat van bevoegde zijde zoo weinig verhandelingen aan dit gewichtig geschilpunt zijn gewijd.

De oplossing dezer questie is afhankelijk van de beteekenis, welke men geeft aan het woord »handelszaak," en eigenaardig genoeg is er noch uit de beraadslagingen over de verschillende wetboeken, noch uit die wetboeken zelve eenig licht omtrent dit punt te putten.

In eene afzonderlijke nota maakte een lid der Tweede Kamer aan de Regeering de volgende opmerking [1]: »il existe des cas mixtes. Par exemple, le n° 4 de l'art. 4 range parmi les actes de commerce tout ce qui a rapport à la construction, au radoub et à l'équipement des navires. Un constructeur de navires, qui fait sa profession de construire pour vendre, achète du bois d'un propriétaire; — tous les deux exercent-ils acte de commerce? Tous les deux peuvent-ils invoquer les lois d'exception, par exemple, la preuve testimoniale au-delà de la somme voulue par le code civil? Si les tribunaux de commerce sont conservés, le constructeur doit-il attaquer, en cas de contestation, le propriétaire devant ce Tribunal? Peut-il invoquer les formes sommaires? Quelle que soit l'opinion, on désirerait trouver dans ce code une règle pour ces cas." Doch op deze nota werd geen acht geslagen en de Regeering verzuimde er een antwoord op te geven.

Omtrent het karakter dier handelingen tusschen kooplieden en niet-kooplieden zijn drie gevoelens mogelijk, namelijk.

---

1) Voorduin, Gesch. en Beg. der Ned. Wetboeken VIII. p. 31.

I dat ze slechts *voor éëne van partijen* van *commercieelen* aard zijn,

II dat ze zijn *voor beide contractanten commercieel*,

III dat ze *voor beide gewoon burgerrechtelijk zijn*.

Deze verschillende qualificaties behooren niet in subjectieven zin te worden opgevat, daar er in die beteekenis geen geschil over bestaat; de rechten en verplichtingen, voortspruitende uit de door mij als koopman gepleegde *daad van koophandel*, zijn voor mij, *met betrekking tot mijn persoon*, handelszaken, want ik kan zeggen dat die zaak voortvloeit uit mijnen handel; zoo kan echter mijne wederpartij niet spreken, daar zij eene gewone burgerrechtelijke daad verrichtte. Doch deze verschillende benaming, in het gewone leven gebruikelijk, is niet van juridischen aard en betreft niet de hier te behandelen vraag: of de wetgever eene dergelijke overeenkomst tot het handelsrecht heeft gerekend; en welk karakter het contract voor iedere partij heeft *met betrekking tot haar medecontractant*. In dezen laatsten zin wordt het karakter dier handeling in de drie aangegeven meeningen bedoeld en aldus opgevat, zal ik die gevoelens achtereenvolgens bespreken.

I.

KUNNEN DE OVEREENKOMSTEN TUSSCHEN KOOPLIEDEN EN NIET-KOOPLIEDEN HANDELSRECHTELIJK ZIJN VOOR DE EENE PARTIJ EN VOOR DE ANDERE NIET?

De meest algemeene zoowel in rechtslitteratuur als in jurisprudentie is de meening, dat een dergelijke overeenkomst voor den koopman commercieel, voor den particulier gewoon civielrechtelijk is; de voorstanders van dit gevoelen zijn het echter onderling zeer oneens over de practische toepassing hunner theorie. Er bestaat toch onde hen verschil over de vraag, welke van partijen zich o het eenzijdig handelsrechtelijke karakter der verbinten kan beroepen; sommigen zeggen: alleen de koopman, tei wijl anderen dat recht uitsluitend aan den niet-koopma toekennen.

Het eerst valt te wijzen op het gevoelen van hen, d alleen aan den niet-koopman toelaten om de voorrechte van het handelsrecht in te roepen, die dus het handel karakter alleen laten gelden tegen den koopman.

In de rechtslitteratuur wordt deze meening o. a. ve dedigd door Mr. J. G. KIST in zijne Beginselen va Handelsrecht. »Handelsrechtelijke regelen zijn alleen to passelijk, zoo lees ik in de eerste uitgave (deel I, p. 16) op daden van koophandel, niet op de daarmede in verban staande handelingen van anderen, die het karakter va handelsdaad missen." In de tweede uitgave van zijn werk licht de schrijver zijn gevoelen, dat minder duidelijk moe schijnen, nader toe: hij beschouwt namelijk de vorderin van den koopman tegen den particulier als gewoon bu gerrechtelijk, doch die van den particulier tegen de koopman als eene handelszaak, vallende onder de bepalin van art. 298 V. W. v. B. Rv. Ook bevat het VI° dee p. 4 v. waar de schrijver »eene vordering, waartoe eer handelsdaad aanleiding geeft," eene handelszaak noem hetzelfde gevoelen. Onverklaarbaar is het, dat Mr. Kist c vordering van den verkooper tegen den kooper (die koo om weer te verkoopen) tot betaling van den bedonge prijs beschouwt als »eene vordering waartoe eene ha delsdaad aanleiding geeft" en dus als eene handelszaa terwijl de eisch tot levering, tegen den verkooper ing steld, volgens hem eene gewone burgerrechtelijke act

1) I p. 18.

is; van deze toch kan men even goed als van gene zeggen dat de door den kooper gepleegde daad van koophandel »daartoe aanleiding geeft," want ware deze daad niet verricht, nooit zou de kooper het minste recht tegenover den verkooper kunnen beweren; daarom meen ik dat Mr. Kist, wilde hij consequent zijne definitie van handelszaak volhouden, het handelsrecht op beide partijen moest toepassen; eene gevolgtrekking evenwel, die deze schrijver zeker niet beaamt en waarvan ik ook later de onjuistheid zal aantoonen.

Met hetzelfde recht zou men aldus kunnen redeneeren: de gewone burgerrechtelijke handeling van den verkooper »geeft aanleiding" tot de vordering zoowel van den kooper als van den verkooper, want zonder haar had geen van beide ooit die actie tegen den ander kunnen bezitten; de eisch stemt dus op een niet-commercieele daad en derhalve moet het burgerlijk recht worden toegepast. Ofschoon deze redeneering tot eene juiste conclusie leidt, is de argumentatie niet minder onjuist dan die van Mr. Kist; beide gaan immers uit van de stelling dat de handeling van ééne partij reeds grond geeft tot de actie. De valschheid van dit beweren ligt voor de hand en behoeft nauwelijks bewezen te worden, het geldt hier de vraag van welken aard de rechtsbetrekkingen zijn, welke voortvloeijen uit *overeenkomsten*, gesloten tusschen kooplieden en niet-kooplieden; de actiën, die partijen over en weer hebben, steunen dus op de aangegane overeenkomst. Waaraan ontleent nu deze haar bestaan? kan de handeling van de eene partij haar doen ontstaan zonder medewerking der andere? Zeer zeker, neen, beider gezamenlijke handeling doet de overeenkomst geboren worden, zoodat in casu de vorderingen van kooper en verkooper gegrond zijn op de commercieele daad en de gewoon civiele handeling vereenigd.

Ook S. M. [1]) verdedigt het gevoelen dat alleen de vordering tegen den koopman als eene handelszaak kan worden beschouwd. Zijn beroep op de toen bestaande jurisprudentie heeft thans veel van haar gezag verloren, daar, zooals later zal blijken, sinds 1855 meerdere beslissingen in tegenovergestelden zin genomen zijn. Verder meent de schrijver de Fransche auteurs ten zijnen gunste te kunnen aanhalen; hij citeert Merlin [2]) en Pardessus [3]), doch ofschoon de meerderheid zijn gevoelen aanneemt, bestaat in Frankrijk over deze vraag dezelfde strijd als bij ons. Vergelijk Massé, le Dr. comm. dans ses rapports avec le dr. des gens IV n°. 2543 v., Larombière traité des obligations art. 1431 n°. 40. v. Dalloz, Répertoire V° obligations n°. 4972 v. Ook de Fransche rechtspraak is niet eenstemmig; zelfs zijn er twee arresten van het Hof van Cassatie, die verschillende meeningen huldigen (21 Junij 1827 C° 14 November 1862).

Schijnbaar van meer gewicht is het beroep op eenige artikelen van onze wet, die volgens S. M. voor zijne meening pleiten. Wat betreft art. 1915 B. W. schijnt hij de hem welkome uitlegging als de onbetwistbaar ware te beschouwen, doch men behoeft slechts Diephuis' laatste werk over het Burg. Recht II p. 377 open te slaan om te zien dat er over de beteekenis van dat art. nog zeer veel verschil bestaat: zal men hier handelszaken nemen in de beteekenis van handelspapier? of zal het een vereischte zijn dat de schuldbekentenis afgegeven zij ter zake van eene rechtsbetrekking, die voor beide partijen handelsrechtelijk is? of wel zal het voldoende wezen, dat de onderteekenaar commercieel handele? Dit zijn vragen,

---

1) N. Regtsgel. Bijbl. 1855. p. 506.

2) Quest. de droit, V° Commerce § 9.

3) Cours de droit comm. III n° 1345 v.

wier oplossing nog moet geleverd worden; zonder bewijs, dat de laatste opvatting de goede is, is het beroep op art. 1915 B. W. van geen belang, daar het begrip »handelszaak" hier even weinig als elders vaststaat.

Dat de art. 1919 B. W. j° 10 W. v. K. en art. 2008 B. W. de verschillende bewijskracht der koopmansboeken en de toepasselijkheid der kortere verjaring van de qualiteit der schuldenaars laat afhangen, is duidelijk, maar daaruit blijkt volstrekt niets omtrent de opvatting der wet van het begrip »handelszaken." Wel volgt uit de plaatsing der art. 1919 en 2008 in het Burgerlijk Wetboek, dat de wetgever die rechtsbetrekking tot het burgerlijk recht rekent maar beschouwt hij ze als burgerrechtelijk voor beide partijen of alleen voor den niet-koopman? op die vraag geven deze bepalingen geen antwoord. Kan men er uit afleiden dat, zoo een particulier zijn leverancier dagvaardde tot levering der gekochte waren, het geding eene handelszaak zou zijn? Mijns inziens onmogelijk; het argumentum a contrario gaat hier niet op, daar de wetgever zeer goed ook de vordering tegen den koopman als burgerrechtelijk heeft kunnen beschouwen, doch over die actie behoefde hij niet te spreken, wijl hij het vaststellen eener kortere verjaring voor haar onnoodig achtte. Bestond er eene uitdrukkelijke wetsbepaling, dat de rechtsvordering van den koopman tegen den particulier tot het burgerlijk recht behoort, dan zou men met regt kunnen zeggen: qui de uno dicit, de altero negare videtur.

Uit art. 1919 B. W. j° 10 W. v. K. zou eerder een argument voor eene zeer beperkte opvatting dan voor eene meerdere uitbreiding van het handelsrecht te putten zijn; men kan toch vrij aannemen dat het Burgerlijk Wetboek de bewijskracht der koopmansboeken voor burgerlijke zaken aangeeft, terwijl het W. v. K. dit doet voor handelszaken, maar dan zou die handelsbewijskrach niet worden toegekend voor alle rechtsbetrekkingen, di over en weer uit eene daad van koophandel voortspruiten doch slechts »tusschen kooplieden, voor zaken hunnei handel betreffende." Wil men dus uit deze bepaling iet afleiden omtrent het begrip »handelszaken," dan moe men deze uiterst beperkte beteekenis aannemen; doch ool daartoe bestaat geen voldoende grond, daar in deze arti kelen niet gehandeld wordt over dat begrip, waar het ii deze questie juist op aankomt. De art. 1919 en 200ł B. W. regelen in sommige opzichten de rechtsbetrekkin gen tusschen kooplieden en niet-kooplieden zonder echte eenig licht te verspreiden over het karakter, dat de we aan die handeling toekent. [1])

Mr. J. J. CARSTEN [2]) eindelijk rekent alleen tot he handelsrecht die rechtsbetrekkingen, waarin de koopmai de verbonden persoon is, en haalt voor zijne meening eei argument aan, dat ik nog bij geen ander schrijver aan trof, welks oorspronkelijkheid mij echter niet zeer benijd baar voorkomt. Dat argument is geput uit het woor »*verplichtingen*" in art. 5 W. v. K. doch ten onrechte Vooreerst worden in dat artikel geheel speciale gevallei geregeld van zeeongelukken en hunne gevolgen en er be staat geen de minste reden om deze uitdrukkingen toe t passen op zaken, waarvan hier volstrekt geen spake is. — Ten tweede is hier niet uitsluitend de rede van »*verplich tingen*" maar ook van »*rechten;*" men neme b. v. een de eerste artikels over schipbreuk stranding en zeevonden; art 547 W. v. K. verplicht de bergers om aan den schippei zoo hij aanwezig is, terstond tegen behoorlijke zekerhei

1) Art. 586. 1° W. v. B. Rv. komt later ter sprake.

2) Bijdrage tot de leer der zaken van koophandel, acad. proefschrif Leiden 1882.

het schip en ook de lading over te geven. Staat hier niet naast deze *verplichting* der bergers hun *recht* op zekerheidsstelling vóór de overgifte der goederen? En beantwoordt aan gene *verplichting* niet het *recht* der schippers om de overlevering te eischen? Dat deze rechten van commercieelen aard zijn, heeft tot heden nog niemand ontkend, en zoolang onze wetgeving blijft gelijk ze thans is, zal ook niemand dit ooit doen. Toch zou Mr. Carsten, zoo hij streng aan het woord *verplichtingen* blijft vasthouden, tot die bewering moeten komen. Wellicht zal hij mij antwoorden: in die verplichting van den een ligt het recht van den ander opgesloten, zoodat hier ook rechten bedoeld zijn. Goed, maar dan is daarmede ook erkend dat »verplichtingen" hier eigenlijk beteekent »rechten en verplichtingen" en dat de wetgever beter had gedaan te spreken van »verbintenissen." Op eene onjuiste uitdrukking, waarvan de bedoeling volkomen duidelijk en onbetwist is, mag men geen systema bouwen. — Eindelijk de bewering »dat onze wetgever bij het regelen van het gebied van het handelsrecht in 't bijzonder het oog had op de *verplichtingen*, die uit handelsdaden voortspruiten," zou mij, indien ik niet beter wist, doen denken dat de auteur van dat proefschrift nooit aandachtig de eerste artikels van het W. v. K. heeft nagelezen. In art. 3 staat b. v. »koop," zou dit niet even goed de *rechten* des koopers als zijne *verplichtingen* omvatten? Voor eene splitsing bestaat geen grond. En in art. 4 lezen wij daar niet: »1° den commissiehandel, 2° alles wat tot den wisselhandel,... 4° alles wat betrekking heeft tot aannemingen,... 7° andere overeenkomsten" enz. en allen dus uitdrukkingen, die zoowel rechten als verplichtingen omvatten? De zucht naar oorspronkelijkheid schijnt Mr. Carsten verleid te hebben om dat ongelukkig argument te bezigen, dat hem geheel van den rechten weg deed afdwalen.

Als praktische resultaten zijner leer noemt de schrijver: [1]

1° »dat tot het bewijzen van de verplichting van dengene, die eene daad van koophandel verrichtte, getuigenbewijs is toegelaten: daartoe is niet alleen het bewijs noodig van zijne handeling, maar ook dat van de burgerlijke handeling, die met eerstgenoemde de overeenkomst vormt. Voor de verplichting van hem, die eene gewone burgerlijke handeling verrichtte, gelden de gewone regelen van bewijs." Om het obligo van den koopman te bewijzen is vereischt bewijs der overeenkomst, dit laatste bewijs sluit in zich het bewijs van de burgerlijke handeling van den niet-koopman; deze twee punten zijn blijkens 't voorafgaande in confesso: dus om van die verplichting van den koopman te doen blijken wordt gevorderd het bewijs van iets, dat de wet (ten minste in zeer vele gevallen) verbiedt door getuigen te bewijzen, en niettemin wil Mr. Carsten dat bewijsmiddel onbeperkt toelaten. Vervolgens blijken de verplichtingen des particuliers terstond, zoodra de overeenkomst bewezen is; deze laatste mag men door getuigen bewijzen, de eerste echter meestal niet. Derhalve zou men met Mr. Carsten komen tot het volgend onmogelijk systeem: het contract mag niet door getuigen bewezen worden, wanneer men de verplichtingen van den niet-koopman wil aantoonen, doch dat bewijs is wel geoorloofd, zoo het doel is de aanwijzing van des koopmans obligo; en consequent doorredeneerende, zal men, wanneer de overeenkomst bewezen is om van de verplichtingen van den handelaar te doen blijken, geen gebruik mogen maken van de kennis, die men verkregen heeft van de verplichtingen van den particulier; deze toch, al brengt de overeenkomst, die men moet kennen, ze noodzakelijk aan het licht, mag men niet door getuigen

1) loc. cit. p. 42.

vernemen. Zoo ontstaat de zonderlinge toestand dat de rechter geen acht mag slaan op iets wat door een wettig bewijsmiddel op wettige wijze ter zijner kennis is gebracht; de overeenkomst mag hij immers door getuigen kennen maar niet de daaruit ontstane verplichtingen van den niet-koopman, welke een integreerend deel daarvan uitmaken.

2° dat de handelsprocedure alleen toepasselijk is, zoo het obligo van den koopman in lite is. Met de valschheid van het systema is ook de onjuistheid van dit gevolg bewezen.

3° dat alleen de koopman moratoire interessen ad 6 °/₀ moet betalen. De wet echter zegt, dat in »handelszaken" de wettelijke interessen zes ten honderd bedragen, dus zoowel voor dengene, die ze moet ontvangen, als voor hem, die ze verschuldigd is. Is er dus voor ééne partij eene handelszaak, dan behoort deze niet alleen de hoogere rente te betalen maar ze heeft ook recht die te vorderen; eens het handelsrechtelijk karakter aangenomen, moet men haar zoowel de voordeelen als de nadeelen daarvan laten. Doch van den anderen kant kan de niet-koopman, voor wien de zaak gewoon burgerrechtelijk is, die 6 °/₀ niet eischen en ook niet gedwongen worden ze te voldoen, daar zij in civiele zaken volgens de duidelijke letter der wet slechts op 5 °/₀ bepaald zijn. Wat zal men met dit laatste percent doen? De een heeft er recht op, de ander is niet verplicht het te betalen; en in 't omgekeerde geval is de een het verschuldigd zonder dat zijn schuldeischer het mag vorderen. — Met de praktische toepassing zijner leer is Mr. Carsten derhalve alles behalve gelukkig.

De jurisprudentie van vele rechtscolleges volgt deze opvatting, die wij dan ook in talrijke rechterlijke uitspraken vinden.

Zonderling is het dat het meerendeel dezer vonnissen

of arresten bijna niet gemotiveerd is; er wordt eenvoudi; eene stelling neergeschreven, als ware zij een onbetwist bare waarheid, en daarop bouwt men de geheele verder redeneering.

Zoo overweegt de Rechtbank van Assen, 28 Juni 1861 Weekbl. 2338, dat er in het onderhavige geval eene daa van koophandel is aan de zijde des gedaagden en dat du in deze handelszaak de rechter der plaats waar de ver bintenis is gesloten, bevoegd is. — Is daarmede we voldaan aan het voorschrift van art. 156 der G.W.? Ma; de succumbeerende partij niet den eeuwenouden regel in roepen: quod gratis asseritur, gratis negatur?

Evenmin behoef ik in eene wederlegging te treden va de vonnissen van het Kantongerecht te 's Gravenhage 2! Juni 1840, W. 114, en van de Rechtbank te Amsterdar 28 Januari 1870, W. 3268, welke beide het als een uitgemaakte zaak beschouwen, dat bij eene handelsdaa aan den kant des gedaagden er eene handelszaak aanwezi; is en op dien grond aan den eischer, wiens qualiteit nie onderzocht wordt, toelaten op den korten termijn va art. 301 W. v. B. Rv. te dagvaarden.

De Rotterdamsche kantonrechter n° II 3 Maart 1882 W. 4739, acht de competentie in handelszaken toepasselijk wanneer slechts door den gedaagde een daad van koop handel gepleegd is. Op welke gronden dit zoo is, deel Z. E. A. niet mede, en hierin volgt hij het minder goed voorbeeld, hem door de Rechtbank van Amsterdam ge geven 3 Maart 1863, W. 2490, 2507, en 5 Novembe 1875, W. 3945.

Geheel ongemotiveerd is ook een arrest van het voor malig Provinciaal Gerechtshof in Noord-Holland 29 Apri 1847, W. 902, waarbij eenvoudig zonder meer word aangenomen »dat de provisioneele uitvoerbaar-verklarin; door den eersten rechter alleszins heeft kunnen worde toegepast, vermits in zijne beschouwing de vordering is ingesteld ter zake van de handeling eens makelaars in zijne betrekking als zoodanig en het geschil alzoo betreft eene handelszaak."

Ten minste een schijn van motieveering vindt men in het vonnis van 22 Juni 1869, W. 3307, waarbij de Rechtbank van Leeuwarden hare bevoegdheid aanneemt op grond: dat art. 3 W. v. K. zonder aanzien der personen koop met het doel om te verkoopen verklaart te zijn daad van koophandel; dat dus koop aan een kant civiel, aan den anderen commercieel kan wezen; dat het voldoende is dat de kooper eene daad van koophandel verricht om de daaruit ontstane vordering te doen zijn eene handelszaak; dat art. 314 W. v. B. Rv. het forum ten behoeve des eischers uitbreidt en men 't woord eischer niet mag beperken, en dus ook niet den eischer niet-koopman uitsluiten enz. De eerste twee zinsneden dier redeneering zal ik later in het bijzonder bespreken. Thans zij het voldoende op te merken dat hier, evenals in de voorafgaande vonnissen zonder eenig nader betoog apodictisch wordt verklaard, dat eene handelszaak aanwezig is, wanneer de gedaagde eene daad van koophandel heeft gepleegd; juist dit is het, wat bewezen moet worden; juist dit is de spil, waarom de geheele questie draait. Dat art. 314 W. v. B. Rv. het forum ten behoeve des eischers uitbreidt en dat men dit voorrecht niet mag beperken, geef ik gaarne toe, doch de Rechtbank had eerst moeten bewijzen dat dit artikel hier werkelijk van toepassing is, dat het proces is eene handelszaak. Dit toch wordt juist betwist.

Niet minder spaarzaam met argumenten, die voor hare uitspraak pleiten, is de Arnhemsche Rechtbank, 17 Februari 1870 W. 3228. Wat de eischer is, zoo redeneert zij, heeft geen invloed op de toelaatbaarheid van het getuigenbewijs, indien de gedaagde maar koopman is, daar deze zich dan aan het bewijs in handelszaken onderwerpt voor elke vordering, tegen hem ingesteld wegens ter zake van zijnen handel aangegane verbintenissen. Maar welk artikel der wet zegt dat? uit welke bepaling leidt men af dat de koopman hier slechts de nadeelen zal ondervinden van eene uitbreiding van het getuigenbewijs, die juist ten behoeve van den handel en dus ook van de handelaren is aangenomen?

De Rechtbank te Maastricht laat in een vonnis van 5 Juni 1884 het getuigenbewijs toe, »schoon de vordering de som van f 300 overtreft, dewijl de verbintenis, krachtens welke de vordering is ingesteld, gegrond is op eene daad van koophandel, namelijk op den verkoop van een paard, gedaan door den gedaagde, die koopman in paarden is." Waarom echter is de eisch meer ingesteld krachtens den handelsrechtelijken verkoop dan krachtens den gewoon civielen koop? Ik zou meenen dat in casu de eischeres haar vordering grondde op de rechten, die de door haar gesloten koop haar verleende. Maar — werpt men mij tegen — koop van de eene zijde is verkoop van de andere, zij zijn één en hetzelfde, zegt gij, hoe kunt gij u dan alleen op den koop zonder den verkoop beroepen? — Gaarne erken ik, dat de vordering op koop en verkoop beide steunt en onmogelijk uitsluitend op één van beide kan gegrond wezen, doch zoo de Rechtbank alleen den verkoop inroept, dan haal ik met evenveel recht alleen den koop aan en put daaruit een even krachtig argument voor eene tegenovergestelde leer. Uit de commercieele en de gewoon civiele daad vereenigd spruit het recht en de verplichting; dat men in dat geval aan het gewone recht boven het exceptioneele of speciale de voorkeur moet geven, zal wel niemand ontkennen, zoodat in dit geschi ten onrechte een handelszaak is gezien.

In zijn arrest van 4 April 1877, W. 4158, weigert het Gerechtshof te 's Gravenhage terecht een koopman toe te laten tot het leveren van getuigenbewijs tegen een niet koopman, maar neemt kennelijk aan, dat de niet koopman wel tot dat bewijsmiddel mag worden toegelaten tegen den koopman. Het arrest steunt geheel op de stelling, dat eene vordering is van commercieelen aard, wanneer de verbintenis, waaruit geageerd wordt, is die van den koopman, en dat zij zulks niet is, wanneer geageerd wordt uit de verbintenis van den niet koopman; het beslist dat alleen in het eerste geval eene zaak van koophandel aanwezig is. Over die stelling loopt echter weer het geschil; het geldt immers de vraag of eene actie haar juridiek karakter ontleent aan de verbintenis des gedaagden en niet veeleer aan het recht des eischers, of wel aan beide vereenigd. Eene actie wordt gedefinieerd: »jus persequendi in judicio quod sibi debetur"; waarom zou bij de hier te beslissen rechtsvraag het *jus persequendi* van minder gewicht zijn dan *quod sibi debetur*? Naar ik meen, zou het niemands rechtsgevoel meer kwetsen, indien in het arrest werd gelezen, dat het *recht*, *waaruit* geageerd wordt, de actie kenmerkt, dan nu daarbij de *verbintenis*, *waaruit* geageerd wordt, als toetssteen is genomen. Stellig is de verbintenis des gedaagden niet uitsluitend het onderwerp der actie, want dat obligo is onafscheidelijk van het recht des eischers, beide vereenigd moeten bij elke rechterlijke beslissing onderzocht en beoordeeld worden. Bij gemis van het recht des eischers zal het onverschillig zijn dat des gedaagden verbintenis wel bestaat (doch b. v. jegens een derde) en niet minder zal het, bij gemis van de verbintenis des gedaagden, onverschillig zijn dat het beweerde recht des eischers wel bestaat (doch niet tegen den gedaagde, maar tegen een derde.)

Het Hof geeft ook geenerlei rekenschap van den overheerschenden invloed, die aan de verbintenis des gedaagden wordt toegeschreven. Als motief der gegeven beslissing kan toch niet worden aangemerkt de beschouwing: »dat de wetgever zoodanige van het burgerlijk recht afwijkende gevolgen alleen heeft willen verbinden aan zaken, die eene handelsdaad ten onderwerp hebben, aan welke gevolgen dan ook alleen zij zijn onderworpen, die handelsdaden verrichten, en niet zij, die, ofschoon met een koopman gehandeld hebbende, van hunnen kant slechts hebben gepleegd eene gewone burgerrechtelijke handeling; — dat uit geene enkele wetsbepaling blijkt dat de wetgever van dat algemeen beginsel, om alleen aan daden van koophandel de bedoelde gevolgen te verbinden, heeft willen afwijken voor wat betreft de exceptioneele bepaling van art. 1 W. v. K. ten aanzien van het getuigenbewijs, zoodat het er voor gehouden moet worden, dat ook die bepaling slechts hare toepassing kan vinden, als de verbintenis, die men bewijzen wil, uit eene handelsdaad voortspruit."

Wat de wetgever in dat opzicht heeft gewild, is nergens uitdrukkelijk bepaald en blijkt ook nergens uit de geschiedenis der wet; of in hunne met elkander aangegane handelingen de niet koopman aan het burgerlijk recht, de koopman aan het handelsrecht onderworpen blijft, is juist de rechtsvraag, waarvan het de oplossing geldt. Zeker zijn ook de bij de wet bepaalde commercieele gevolgen alleen aan daden van koophandel verbonden: art. 1 W. v. K. zal alleen gelden voor daden van koophandel, maar dit is juist eene reden om het niet toe te passen op de verbintenis des gedaagden, welke tevens voortspruit uit eene niet handelsrechtelijke daad. Uit die overwegingen volgt echter in geenen deele, dat de aard der *verbintenis* van den gedaagden moet beslissen, of er al dan niet getuigenbewijs is toegelaten.

Wellicht heeft het Hof de definitie van art. 129 W. v. B. Rv. op het oog gehad. »De persoonlijke rechtsvordering is de zoodanige, welke tot onderwerp heeft de vervulling eener persoonlijke *verbintenis*, uit overeenkomst of uit de wet voortvloeiende." Hier schijnt de verbintenis des gedaagden meer bijzonder als onderwerp der actie te zijn aangeduid, maar het recht des eischers is daarbij geenszins op den achtergrond geplaatst. »Uit overeenkomst of uit de wet voortvloeijende" luidt het slot dier bepaling en daarin is zeker het recht niet minder dan de verplichting opgesloten. Voor het overige is in dit artikel de *verbintenis* geenszins bij tegenstelling van het *recht* genoemd. Dat de wetgever bij zijne voorschriften aangaande de actien het *recht* der eischers mede als kenmerkend heeft beschouwd, blijkt ook uit de 2e al. van art. 129 en uit de drie volgende artikelen, waar telkens alleen van het recht niet van de verbintenis sprake is.

Bij het beroep in cassatie, dat van dit arrest werd ingesteld, concludeerde de Adv. Gen. Smits [1]) tot bevestiging van de beklaagde uitspraak; zijne conclusie bevat dezelfde redeneering als het arrest van den H. R., wat betreft de gelijkstelling van »zaken van koophandel" met »daden van koophandel". Met de opmerkingen omtrent het onvoldoende der argumenten ontleend aan het »handelsbelang" en aan art. 1919 B. W. vereenig ik mij volkomen. [2])

Den 18 April 1878 [3]) gaf de H. R. in deze zaak de volgende beslissing:

O., dat dit middel eigenlijk steunt op de bewering, dat de woorden »zaken van koophandel" in art. 1935 B. W. en art. 1 W. v. K., gelijk ook in de artt. 670, 1207, 1355 en 1915 B. W., niet zouden beteekenen handelsgedingen,

1) W. 4246.

2) Verg. p. 7 en 24.

3) W. 4246.

maar gelijke beteekenis zouden hebben als de woorden »daden van koophandel" in de artt. 2 en 3 W. v. K., zoodat in alle gedingen, wanneer slechts eene der beide partijen eene daad van koophandel had verricht, getuigenbewijs zoude zijn toegelaten;

O., dat zelfs al ware die opvatting der woorden »zaken van koophandel" juist, dan nog het middel niet zoude kunnen opgaan;

O., toch dat hier sprake is van eene overeenkomst aangegaan tusschen een koopman en iemand, die niet als zoodanig handelde, welke door den laatste wordt ontkend en waarvan de eerste verlangt het bewijs door getuigen te leveren;

O., dat de eischers mitsdien niet hunne eigene toetreding tot die beweerde overeenkomst, van welke toetreding de handelsrechtelijke aard niet is betwist, verlangen te bewijzen, maar de toestemming van hunne wederpartij, die, zooals tusschen partijen in confesso is, niet als koopman gehandeld heeft, zoodat de eischers niet aanbieden het bewijs te leveren van eene daad van koophandel, maar van eene gewone handeling, die geenerlei kenmerk van eenige daad of zaak van koophandel heeft;

O., dat echter zoowel in art 1 W. v. K. als in art. 1935 B. W. sprake is van het bewijs, dat in een rechtsgeding voor den rechter geleverd wordt, en dat mitsdien de woorden »zaken van koophandel" in die beide artikelen, even als in art. 298 W. v. B. Rv., in procesrechterlijken zin moeten worden opgevat, en niets anders kunnen beteekenen dan handelsrechtsvorderingen of gedingen;

O., dat in die rechtsgedingen een bepaald middel van bewijs wordt toegelaten, en de toelaatbaarheid van dit bewijsmiddel derhalve alleen afhangt van den aard van het rechtsgeding, waarin men van dat bewijsmiddel wil gebruik maken;

O., dat een handelsrechtsgeding is een zoodanig, waarbij de handhaving gevorderd wordt van eene handelsverbintenis, dat is van eene verbintenis die haren grond vindt in eene daad van koophandel;

O., dat hier tusschen partijen in confesso is, dat de verweerderin deze geene daad van koophandel heeft gepleegd, zoodat zijne beweerde verbintenis op geene daad van koophandel kan zijn gegrond, en de tot handhaving van die verbintenis strekkende rechtsvordering alle karakter van handelszaak mist.

Bevestigt enz.

Vooral het eerste gedeelte der redeneering, gevoerd in de veronderstelling dat »zaken van koophandel" hetzelfde beteekent als »daden van kooophandel," komt mij, s. r., onjuist voor: de overeenkomst wordt blijkens het arrest door den niet-koopman ontkend en daarop verlangt de koopman haar bestaan door getuigen aan te toonen. Zoowel zijne eigene daad, waardoor hij tot het contract toetrad, als het feit, dat de instemming zijner tegenpartij bevat, moet hij bewijzen, daar slechts uit de vereeniging van beide de overeenkomst ontstaat; het bewijs van de toestemming van zijn medecontractant is onvoldoende om het bestaan der overeenkomst zeker te doen zijn; het begrip »overeenkomst" vordert twee *actus*, één enkele daad kan wel een verbintenis doen geboren worden, doch geen contract; hiertoe is de medewerking van den anderen contractant vereischt. Ten onrechte meent de H. R. dat de eischers *alleen* de toestemming van hunne wederpartij en dus eene gewone burgerlijke handeling willen bewijzen. Zeer juist is de gevolgtrekking die het arrest hieruit afleidt, namelijk dat het getuigenbewijs niet toelaatbaar is, maar zou het niet meer met de ware hier geldende rechtsbegrippen overeenstemmen het motief aldus te formuleeren: dat de eischers *niet alleen* hunne eigene toetreding verlangen te bewijzen *maar ook* de toestemming hunner wederpartij, welke geene daad van koophandel is, zoodat zij het bewijs door getuigen willen leveren van een niet commercieele handeling, waarvoor zelfs in de boven gemaakte veronderstelling dat bewijs niet is toegelaten?

's H. R. beschouwing levert ook grond voor het vermoeden, dat het bewijs door getuigen wel zou zijn toelaatbaar te achten, als de niet-koopman de toetreding van den koopman had te bewijzen. — Met dezelfde redeneering mutatis mutandis acht ik evenwel ook die leer voldoende wederlegd.

Is het overigens bij de vraag, welke de aard eener handeling is, wel van eenig belang te onderzoeken op welke wijze zij is tot stand gekomen? of van den eischer het aanbod, van den gedaagde de toetreding is uitgegaan, of omgekeerd? Dat onderzoek schijnt alleen van belang te zijn, waar het de vraag geldt, of de overeenkomst werkelijk is tot stand gekomen.

In het tweede deel der argumentatie neemt de H. R. »handelszaken" in de beteekenis van »handelsrechtgedingen;" hiertegen heb ik geen bezwaar, doch met de daarvan gegeven definitie kan ik mij niet vereenigen; waarom geeft het obligo eerder aan eene vordering haar kenmerkend karakter dan het recht des eischers? waarom vindt de verplichting van den schuldenaar meer haar grond in de daad van koophandel dan in de burgerlijke daad? Onmogelijk eene reden voor dien meerderen invloed te vinden en de H. R. blijft dan ook in gebreke een grond er voor aan te halen; recht en verplichting samen maken de vordering uit en de handelsdaad van den een zou zonder de gewoon civiele daad van den ander de overeenkomst niet kunnen daarstellen, noch ook omgekeerd de laatste zonder de eerste; ieder draagt evenveel bij tot het ontstaan der vordering.

Klaarblijkelijk is het dus de meening van den H. R. dat alleen de niet koopman tegen den koopman het handelsrechtelijk karakter der handeling kan inroepen, doch het bewijs van de waarheid van dat gevoelen kan ik in het arrest niet vinden.

Anderen, die ook overeenkomsten tusschen kooplieden en niet-kooplieden beschouwen als eenzijdig commercieel, willen alleen den handelaar toestaan om zich op het handelsrecht te beroepen. Tot hen behoort o. a. Mr. G. DIEPHUIS, die in zijne nieuwe bewerking van het Burgerlijk Recht [1]) meent dat de toelating voor het getuigenbewijs moet afhangen van het karakter dat de handeling heeft voor hem, die haar door getuigen wil bewijzen. »Volgens hem nu is zij alleen commercieel voor den koopman, zoodat ook deze alleen van het bewijs door middel van getuigen mag gebruik maken. Eveneens acht Mr. P. DIJCKMEESTER [2]) het getuigenbewijs alleen geoorloofd voor dengene, die eene handelsdaad verrichtte. Beide gronden hunne meening op de bewering, dat de overeenkomst voor den een handelsrechtelijk, voor den ander gewoon burgerrechtelijk is; deze onjuiste stelling komt later ter sprake.

Ook Mr. J. A. LEVY [3]) meent dat het getuigenbewijs aan den eischenden koopman tegen den niet-koopman is toegelaten; hij leidt uit de ongerijmdheid der gelijkstelling van

---

1) Deel III. p. 55.

2) Bijdrage tot de leer der daden van koophandel, acad. proefschr. Leiden 1864 p. 43 v.

3) Het algemeene Duitsche Handelswetboek vergeleken met het Nederlandsche W. v. K. ad art. 317.

handelszaken in art. 1935 B. W. met handelszaken in art. 5 W. v. K. af, dat hier met *zaken* eigenlijk bedoeld worden *daden* van koophandel: onvoldoende is, dunkt mij, deze redeneering, waarmede Mr. Levy handelszaken beschouwt als synoniem van handelsdaden; de ongerijmdheid der gelijkstelling toont alleen aan, dat hier de beteekenis van art. 5 W. v. K. niet moet aangenomen worden, doch geenszins dat het woord dezen of genen bepaalden zin moet hebben; had de schrijver ons voor een dilemma geplaatst, dan kon die argumentatie opgaan. »Zoo het object van het getuigenbewijs, aldus vervolgt hij, eene commercieele daad is, schijnt ons, zelfs wanneer het obligo van den gedaagde niet commercieel zoude zijn, aan art. 1935 voldaan." De verplichting van den gedaagde vloeit dus niet voort uit eene door hem gepleegde handelsdaad, maar dan kan het getuigenbewijs niet tot object hebben de commercieele daad van den eischer met uitsluiting van de gewoon civiele handeling van den gedaagde; beide daden te zamen maken het voorwerp van dat bewijs uit en door den koop te bewijzen, bewijst men ook den verkoop; dit erkennen Diephuis en Carsten dan ook. Wanneer derhalve de gedaagde niet handelsrechtelijk verbonden is, dan is ook het object van het getuigenbewijs niet eene commercieele daad maar eene commercieele en eene niet commercieele te zamen, zoodat aan de vereischten van art. 1935 B. W. niet voldaan is, zelfs al neemt men handelszaken in den zin van handelsdaden. Eenige regels verder weerspreekt Mr. Levy zijn eigen leer, wanneer hij tegen S. M. [1]) opmerkt: »dat de daad des eischers geene zaak tot handelsverrichting maken kan, is in abstracto waar, doch schijnt hiermede de vraag niet opgelost." Wel degelijk wordt daardoor de vraag opgelost, want in

1) N. Rechtsgel. Bijbl. 1855. p. 506.

de geheele overeenkomst is niets van handelsrechtelijken aard behalve juist die daad des eischers; deze nu kan van de zaak geen handelsverrichting maken, maar wat blijft er dan over als dat bij daad van koophandel enkel aan de zijde des eischers er geene handelszaak aanwezig is? Hier laat dus Mr. Levy alles afhangen van de daad des eischers; doch hoe is daarmede te rijmen het beweren van denzelfden schrijver [1]) dat de actie tegen den landbouwer civielrechtelijk en die tegen den handelaar commercieel is? Te vergeefs zoekt men naar eenigen grond, waarom in dit geval des gedaagden handeling aan de vordering het beslissende karakter toekent.

In de jurisprudentie vindt deze meening ook enkele voorstanders; de Groningsche Rechtbank acht in haar vonnis van 23 April 1875, W. 3908, voor den koopman het getuigenbewijs geoorloofd op grond dat hij dat recht niet verliest, doordien de gedaagde geen handelaar is en geen handelsdaad pleegde. Dat hij dat recht eens bezat, verzuimt de Rechtbank te bewijzen.

Zoo staan verder een tweetal vonnisen der Amsterdamsche Rechtbank 1 December 1854, W. 1604, en 26 April 1855, N. Rechtsgel. Bijbl. 1855 p. 295, aan den eischenden koopman het getuigenbewijs toe tegen den niet koopman; eveneens handelt de Rechtbank van Amersfoort, 8 Januari 1873, W. 3579. Na eene apodictische verklaring, dat tot het begrip handelszaken niet is vereischt, dat zoowel de actie als de verplichting commercieel is, steunen die uitspraken op een argument, ontleend aan de reden, die den wetgever bewoog deze bepaling op te nemen; die reden is, volgens de Rechtbank, het algemeen belang van den handel in tegenstelling van het bijzonder belang van partijen; aangezien dat algemeen belang aan-

---

1) loc. cit. ad art. 277.

wezig is, zoodra de eischer koopman is, zonder dat het noodig zij te onderzoeken, of de gedaagde ook die qualiteit bezit, laten genoemde rechtscolleges het bewijs door getuigen toe. In deze redeneering ligt eene tweeledige petitio principii opgesloten; of het een vereischte voor eene handelszaak is, ja dan neen, dat actie en verplichting beide commercieel zijn, en of volgens de wet dit rechtsgeding tot den handel behoort of niet, (wat toch noodig is om te kunnen spreken van aanwezigheid van het algemeen belang des handels) ziedaar juist twee vragen, die opgelost moeten worden en die in de aangehaalde vonnissen ten onrechte als uitgemaakt worden beschouwd.

Hoe onbepaald overigens het begrip »algemeen belang van den handel" is, en hoe verschillende gevolgen men daaruit kan trekken ziet men in de conclusie van den Adv. Gen. Smits [1]) die zegt: »daaruit alleen zoude ik niet durven besluiten, dat een zoo enorm voorrecht aan alle kooplieden en neringdoenden ware gegeven, dat zij in ieder geval het exceptioneele handelsbewijs ook tegen niet-kooplieden zouden hebben ..... Eerder zoude ik geneigd zijn aan te nemen, dat men meer het oog heeft op het belang van den handel in engeren zin, de rechtsbetrekkingen van de kooplieden onderling, als wanneer de ratio legis eerder aanleiding zou geven om het handelsbewijs alléén toe te laten, wanneer de partijen over en weer eene handelsdaad hebben verricht, dan wanneer de eischer als koopman heeft gehandeld en de gedaagde als niet-koopman." S. M., die in het N. Rechtsgel. Bijbl. [2]) de beide Amsterdamsche vonnissen bestrijdt, schrijft het volgende: »Gaat het anderen als ons, dan is die redeneering, getrokken uit het openbaar belang, in tegenover-

---

1) W. 4246.

2) 1855 p. 506.

stelling van het bijzonder belang der partijen, ook niet voor allen een even helder begrip geworden." Maar gesteld dat de opheffing van het verbod van getuigenbewijs werkelijk op het openbaar belang en niet op het bijzonder belang berust, dan vindt de schrijver terecht daarin nog geen verband met de vraag: of de rechter hier met eene zaak van koophandel te doen had; en daarvan toch laat de wetgever de toelaatbaarheid van het getuigenbewijs afhangen.

Al de aangehaalde schrijvers en rechterlijke uitspraken vinden den hoofdgrond voor hunne meening in de onjuiste stelling, dat eene overeenkomst voor eene van partijen eene handelszaak kan zijn en voor de andere niet; de valschheid van dit beweren blijkt uit verschillende argumenten, die ik reeds bij de vroegere bespreking der verschillende opinies aanvoerde.

Reeds pleit tegen deze meening van het eenzijdig commercieel karakter de twist en de oneenigheid, die er tusschen de geleerden bestaat over de toepassing hunner leer; zij weten geen weg met de gevolgen hunner theorie, sommige consequenties verwerpen zij en andere, die zonder de verworpene onhoudbaar zijn, nemen zij aan. Voorbeelden hiervan kwamen reeds voor bij de afzonderlijke weerlegging van auteurs en rechterlijke uitspraken. Men denke b. v. aan Mr. Kist, die de handelsrechtelijke regelen alleen op de daden van koophandel wil toepassen, niet op de daarmede in verband staande handelingen van den niet-koopman, en toch door ze op de eene partij toe te passen past hij ze feitelijk ook op de andere toe.

Het eerste en hoofdargument echter levert ons de eenheid van het contract; ofschoon elk van partijen een verschillende daad pleegt, is het geheel d. i. de verbintenis, die uit den overeenstemmenden wil van beide contractanten ontstaat, eene eenheid, waarvan iedere splitsing eene juridische onmogelijkheid is. Zeg ik: A. is verplicht mij het paard, dat ik van hem kocht, te leveren, dan is daarmede tevens gezegd dat ik het recht heb de levering te eischen; wie van koop spreekt, spreekt ook tevens van verkoop; wie de rechten des koopers opsomt, somt ook de verplichtingen des verkoopers op. De verplichtingen van den een zijn de rechten van den ander en omgekeerd; het is onmogelijk aan de eerste te denken zonder ook op de laatste het oog te vestigen [1]), want een recht zonder daaraan beantwoordende verplichting is geen recht en een verplichting zonder daaraan beantwoordend recht is geen verplichting. Wat is toch een recht waaraan niemand gehouden is te voldoen, een recht [2]) dat niemand behoeft te eerbiedigen? Wat is een verplichting, waarvan geen sterveling bevoegd is de nakoming te vorderen, een verplichting, aan wier vervulling ieder zich kan onttrekken door den vrager de exceptie tegen te werpen: gij hebt geen recht tegenover mij? 't is een ondenkbaar iets; 't is een contradictio in terminis te spreken van recht zonder verplichting. Het is dus onmogelijk aan recht en verplichting, en dus ook aan de verbintenis, welke uit die rechten en verplichtingen bestaat, een verschillend karakter tusschen partijen onderling toe te kennen. Wanneer de verplichting van den kooper commercieel is, moet het recht des verkoopers, dat daarmede één is, diezelfde hoedanigheid bezitten en is dit laatste een gewoon civiel recht, dan kan het obligo van den ander niet van han-

---

1) Il n'est pas possible de concevoir l'achat sans la vente; les deux faits se tiennent par la plus profonde des corrélations; on pourrait dire que l'achat et la vente ne sont que deux faces du même acte. Beslay, Des actes de commerce p. 158.

2) Ik spreek hier natuurlijk van recht in juridischen, niet in zedelijken of godsdienstigen zin.

delsrechtelijken aard wezen. Men zou dit in mathematischen vorm aldus kunnen voorstellen:

Recht = niet commercieel; verplichting = commercieel.
Atqui recht = verplichting,
Ergo niet commercieel = commercieel.

En toch indien men aanneemt dat de overeenkomst voor den een commercieel is, voor den ander niet, moet men ook zeggen dat de rechten en verplichtingen van den een commercieel zijn en die van den ander niet; zoo komt men tot de aangetoonde ongerijmdheid. Deze trachtte men wel eens te ontgaan door aan te nemen, dat de verbintenis bestaat uit twee acties en twee verplichtingen met verschillend karakter; zoo zouden dan het recht van den koopman en de verplichting van den niet-koopman commercieel wezen, terwijl het recht van den particulier en de verplichting van den handelaar een gewoon civiel karakter zouden dragen of omgekeerd. Doch ook dit is onmogelijk. Recht en verplichting van dezelfde partij kunnen niet van verschillenden aard zijn; beide spruiten immers voort uit de handelsdaad van den een, en de bloot burgerrechtelijke handeling van den ander, zoodat zij beide aan volmaakt dezelfde oorzaak hun bestaan ontleenen. Eene innerlijke rede om aan het recht en de verplichting van dezelfde partij een verschillend karakter toe te kennen is niet voorhanden; van eene uitwendige rede als b. v. eene daartoe betrekkelijke wetsbepaling is ook geen spoor te ontdekken. Derhalve is er geen grond aanwezig om recht en verplichting van dezelfde partij te beschouwen als van verschillenden aard, terwijl de gelijkheid van hun oorsprong ons noopt hen dezelfde natuur toe te kennen. Doch, zal men mij zeggen, rechten en verplichtingen voortvloeijende uit daden van koophandel zijn toch commercieel, dus moet dit hier ook het geval wezen. Behalve dat, zoals ik reeds meermalen opmerkte, die rechtsgevolgen voortvloeien èn uit eene handelsdaad èn uit eene gewoon civiele verrichting vereenigd, staan wij voor een geval, waarin het onmogelijk zou zijn dien commercieelen aard aan te nemen; de niet-koopman toch pleegt een burgerrechtelijke handeling, zoodat voor hem het contract niet commercieel is, en dan moet natuurlijk het Burgerlijk Recht de bovenhand hebben, daar voor dit geval daarvan niet bijzonderlijk is afgeweken.

Holtius [1]) haalt een tweetal argumenten aan om te bewijzen, dat koop en verkoop geen correlata zijn, doch juist daarin vindt men gronden, die sterk voor mijne meening pleiten. Het beroep op de Latijnsche uitdrukking »*emptio* et *venditio*" gaat niet op; door steeds deze twee woorden naast elkander in één adem te noemen bewezen de Romeinen, dat zij het contract, dat uit twee onderscheidene daden ontstaat, als een eenheid beschouwden, zóó zelfs dat zij het onnoodig achtten beide woorden te verbinden en eenvoudig spraken van *emptio venditio*. Eveneens is bij hen steeds sprake van *locatio conductio* om dezelfde reden. Het tweede argument ontleent Holtius aan princ. Instit. de auctoritate tutorum: »in emptionibus venditionibus, si tutoris auctoritas non interveniat, ipsi quidem, qui cum pupillis contrahunt, obligantur, at invicem pupilli non obligantur." Wat beteekent dit? dat de minderjarige, die zonder bijstand van den voogd handelde, vernietiging der verbintenis kan vragen, de andere partij echter niet; dit is echter onjuist uitgedrukt. Wanneer de gesloten koopovereenkomst blijft bestaan, wanneer hare nietigheid niet wordt ingeroepen, wanneer er dus werkelijk eene emptio venditio aanwezig is en blijft, dan is de pupil even geldig verbonden als zijn medecontractant; wordt de overeenkomst echter vernietigd, dan vervallen

---

1) Handels- en zeerecht 1861. I. p. 55.

de verplichtingen van beide partijen gelijkelijk, en dit nu bewijst hoe nauwsamenhangend beider positie is. Wordt de een ontslagen, dan vervalt ook het obligo van den ander, en blijft het voor den een in stand, dan blijft ook de gehoudenheid van den ander bestaan, beide geldig of beide nietig, tertium non datur.

Een tweede argument leveren ons de ongerijmde gevolgen, waartoe deze theorie leidt. Dan zal toch de eene partij haar beweren door getuigen mogen bewijzen, doch de andere niet. Maar hoe zal men handelen, als nu werkelijk de daartoe bevoegde partij het getuigenverhoor verlangt en haar eisch wordt ingewilligd? zal men dan aan de wederpartij een tegenverhoor mogen toelaten? De toelating van het tegenbewijs strijdt met de wet en eveneens de niet-toelating; van den eenen kant immers veroorloven art. 103, 199 W. v. B. Rv. het tegenbewijs zonder eenige beperking, van den anderen kant zal dat tegenverhoor, in zeer vele gevallen ten minste, worden vergund aan eene partij, waaraan het getuigenbewijs is ontzegd. En vervolgens: zal men bij het verhoor aan de partij, die geen getuigen mag bijbrengen, mogen toestaan om aan degenen, welke de tegenpartij oproept, vragen te stellen? zal men, met andere woorden, haar veroorloven de antwoorden der getuigen, dus getuigenbewijs, te bezigen in een geding, waarin de wet haar dat middel ontzegt? Wederom doet zich het geval voor, dat weigering zoowel als toelating zonder wetsschending onmogelijk zijn; art. 109, 215 W. v. B. Rv. laten die vragen onbeperkt toe, terwijl door die vragen eigenlijk getuigenbewijs wordt aangewend om iets te bewijzen, waarvoor het is uitgesloten. [1]) Een ander gevolg van de onaannemelijke toe-

---

1) Vergelijk over deze gevolgen het vonnis van Rotterdam 3 Januari 1876 W. 3944.

lating van het getuigenbewijs bij overeenkomsten tusschen kooplieden en niet-kooplieden is, dat, wanneer men de gepleegde daad van koophandel bewijst, men tevens het bewijs levert van de niet commercieele daad van den anderen contractant, want is bewezen dat de koopman een paard van A. kocht, dan is tevens aangetoond dat A. het hem verkocht. — Bij de berekening der wettelijke interessen staat men voor dezelfde moeielijkheid; zal men de gewone of de handelsinteressen opleggen? zal men van den koopman de handelsrente vorderen of wel ze hem toewijzen? Voor beide pleiten even gegronde argumenten; daar de handeling voor den koopman eene handelszaak is, zal men hem ook de voordeelen en de nadeelen daarvan moeten toekennen [1]); hij zal de zes ten honderd zoowel moeten betalen als ontvangen, terwijl de niet-koopman die eene gewoon civiele daad pleegde en dus bloot burgerrechtelijk verbonden is, slechts 5 % behoeft te betalen en ook maar op zooveel aanspraak kan maken. Wie zal het laatste percent in het eene geval betalen, in het andere ontvangen?

Te recht merkt Goldschmidt [2]) op: es unterliegt (naar Duitsch recht) auch das nur einseitige Handelsgeschäft für beide Theile dem Handelsrecht, weil eine entgegengesetzte Behandlung, etwa nach der zufälligen processualischen Stellung, theils völlig unausführbar wäre, theils zu unerträglichen Verwicklungen führen müszte.

De ongerijmdheid dezer gevolgen schijnt mijnen hooggeachten ontslapen leermeester Prof. Fruin [3]) zoo groot niet want »vooreerst, zoo zegt hij, vervalt zij (die

---

1) Secundum naturam est commoda cujus que rei eum sequi, quem sequuntur imcommoda. Dig 10 de D. R. J.

2) Handelsrecht I. 1 § 45, p. 360.

3) Themis 1865 p. 531.

ongerijmdheid) natuurlijk geheel en al, wanneer kooper en verkooper eene handelsdaad plegen." Laat ik volledigheidshalve bijvoegen, dat de moeielijkheid evenzeer vervalt, zoo geen van beide een handelsdaad verricht. Daarmede komt men evenwel geen stap verder. — De tweede beschouwing des Hoogleeraars luidt, dat de zaak bij ons van weinig gewicht is, daar wij geen afzonderlijke handelsrechters hebben; maar ook dit komt mij niet juist voor. Al mogen wij geene Rechtbanken van Koophandel hebben, de rechterlijke competentie in handelszaken is niet dezelfde als in burgerlijke en dit punt kan soms van groot gewicht wezen. Daarbij komt de al of niet toepassing der speciale procedure in handelszaken. Doch vooral de bewijsmiddelen, die partijen ten dienste staan, betreffen een punt van het hoogste belang voor alle litiganten; het in handelszaken algemeen toegelaten getuigenbewijs is toch in zeer vele gevallen het eenig mogelijke. — Ook vergete men niet de berekening der wettelijke interessen, al moge dit eenigszing minder belangrijk zijn. Dat de koopman soms tegen den niet-koopman bijzondere bewijsmiddelen als b. v. de koopmansboeken te zijner beschikking heeft, is een punt dat met de vraag, die hier behandeld wordt, in geen het minste verband staat, en overigens is dat geval door den wetgever duidelijk en uitdrukkelijk geregeld. »Maar aangenomen dat het verkeerd is, zoo vervolgt de schrijver, in geen geval kan daaraan een argument tegen het stelsel der wet worden ontleend." Distinguo: zoo het stelsel duidelijk blijkt, zoo het met ondubbelzinnige woorden in de wet is uitgedrukt, geef ik dat toe, doch niet daar, waar de wetgever zich over het systeem, dat hij huldigt, volstrekt niet uitlaat, waar men te doen heeft met een casus omissus; daar moet de wetsuitlegger wel degelijk bij het opsporen van het aangenomen stelsel de gevolgen nagaan, waartoe de aangeprezen leer leidt, en wanneer die gevolgen ongerijmd zijn, behoort hij zulke theorie te verwerpen.

Mr. T. M. C. Asser echter (W. 2749) is radeloos door alle moeielijkheden, die opdagen, en roept zijn Utrechtschen ambtgenoot ter hulp om hem den »Ariadne-draad" te geven, die hem uit »dat labyrinth" kan redden; doch Prof. Fruin blijft in gebreke hem dien leiddraad te verstrekken (W. 2752).

Om deze redenen acht ik de meening, welke ik in het voorafgaande betoog bestreed, onhoudbaar; ten zeerste verwondert mij hare vrij algemeene verspreidheid in rechtsleer en jurisprudentie.

II.

ZIJN DE OVEREENKOMSTEN TUSSCHEN KOOPLIEDEN EN NIET-KOOPLIEDEN VOOR BEIDE PARTIJEN HANDELSZAKEN?

Bij geen enkelen schrijver vind ik het gevoelen verdedigd, dat eene overeenkomst tusschen een koopman en een niet-koopman voor beide partijen een commercieel karakter draagt. In de jurisprudentie wordt deze meening aangenomen bij een uitvoerig gemotiveerd vonnis der Rechtbank te Rotterdam, 3 Januari 1876, W. 3944. Daar de uitgebreide toelating van het getuigenbewijs in art. 1935 B. W. en 1 W. v. K. gegrond is op het handelsbelang, zoo wordt in gemeld vonnis aangenomen, dat men »handelszaken" in die artikelen onmogelijk in zoodanig engen en beperkten zin mag opvatten, als zouden daaronder alleen vallen die zaken, waar over en weer een commercieel obligo bestaat. Doch bij deze redeneering is weer verzuimd te betoogen, dat de wetgever de handelingen van een koopman met een niet-koopman tot den handel rekent; juist datgene, wat de cardo quaestionis is, ziet de Rechtbank over het hoofd.

Na terecht erop gewezen te hebben, dat het niet aangaat hier dezelfde regeling als bij den lijfdwang aan te nemen, overweegt de Rechtbank:

»dat er geen redelijke grond denkbaar is waarom dezelfde overeenkomst door de eene partij schriftelijk, door de andere mondeling zou worden aangegaan, en bij eenig rechtsgeding daarover de één wel, de ander geen getuigen zou mogen bijbrengen;

»dat, wanneer dit laatste het geval ware en de eene partij getuigen bijbracht, men de andere niet enkel het recht zou moeten ontzeggen om een tegenverhoor te doen houden, maar zelfs om harerzijds vragen bij het eerste verhoor te doen, wat strijden zou met de billijkheid en met de in ons procesrecht doorgaans aangenomen gelijkheid der rechten van de gedingvoerende partijen."

Deze zeer juiste beschouwingen, welke ik volkomen beaam, worden gevolgd door een beroep op »de duidelijke strekking der artikelen," waaruit blijken zou, dat men niet te veel moet hechten aan het woord »zaak" en dat niet de vraag, welke actie partijen over en weer hebben, over de uitsluiting of de toelaatbaarheid van het getuigenbewijs moet beslissen, maar de vraag, of de te bewijzen handeling is eene *daad* van koophandel. Mij is echter die »*duidelijke strekking* der artikelen" buitengewoon onduidelijk, en steeds werd mij als regel gesteld, dat men van de woorden der wet niet mag afwijken zonder overwegende gronden, welker aanwezigheid hier niet is aangetoond; derhalve houd ik mij aan de *duidelijke woorden* van het artikel, die het getuigenbewijs toelaten »*in handelszaken*," en dus die toelaatbaarheid van geene andere vraag laten afhangen dan of het geding is eene handelszaak.

In re dubia melius est verbis edicti servire; maar toegegeven, dat de vraag of de te bewijzen handelin geene daad van koophandel is, het pleit moet beslissen, dan nog is het getuigenbewijs niet toelaatbaar, daar dan wel is waar eene handelsdaad wordt bewezen maar tevens ook de bloot civiele handeling, waarvoor de wet uitdrukkelijk dat bewijsmiddel ontzegt; en er is geen enkel duidelijk artikel der wet aan te wijzen, waarbij aan die uitsluiting wordt gederogeerd voor het geval, dat wij behandelen.

De Rechtbank vervolgt hare motiveering aldus;

»dat uit het daaromtrent reeds overwogene volgt, dat art. 1 W. v. K., ten faveure van den handel geschreven, getuigenbewijs heeft willen toelaten »in en omtrent alle geschillen spruitende uit handelingen bij het W. v. K. vermeld;" gelijk de Regeering bij hare Memorie van Toelichting van 22 October 1834 dan ook de strekking van dit artikel omschreef;"

»dat, waar vaststaat, dat de handelingen, welke het object zijn van het gevraagde getuigenbewijs en waarover het geschil ontstaan is, daden van koophandel zijn geweest, uit al het boven overwogene volgt, dat partijen gelijkelijk bevoegd zijn de handelingen door getuigen te bewijzen."

Evenmin als alle voorafgaande beschouwingen, zijn deze beide voldoende om de juistheid van het gevoelen der Rechtbank te bewijzen; integendeel de twee laatste pleiten juist tegen haar. Vooreerst indien het getuigenbewijs alleen toegelaten is »omtrent geschillen voortspruitende uit handelingen bij het W. v. K. vermeld," dan kan hier van dat bewijsmiddel volstrekt geen sprake zijn, daar het geding (dit is een confesso) voortkomt uit eene overeenkomst tusschen een koopman en een niet-koopman, waarover wij in het handelswetboek geen woord vinden.

De laatste overweging onderschrijf ik volgaarne, want

zij spreekt eene onbetwistbare waarheid uit, die echter in dit geval niets bewijst. Hier toch staat vast, dat »de handelingen, welke het object zijn van het gevraagde getuigenbewijs en waarover het geschil ontstaan is", *niet* »daden van koophandel zijn geweest", dat ééne dier handelingen dat karakter niet heeft, zoodat het veronderstelde geval hier niet aanwezig is en de daarop toepasselijke regel hier geen toepassing kan vinden.

Dit onderzoek der gronden, welke de Rechtbank voor hare meening aanhaalt, heeft op genoegzame wijze het onvoldoende dier argumenten in het licht gesteld.

Een ander vonnis ook van de Rotterdamsche Rechtbank 8 October 1879, W. 4434, omschrijft eene handelszaak als »eene uit handelsdaad ontstane vordering" en leidt daaruit af, dat wanneer de gedaagde eene daad van koophandel verricht, zulke handelszaak aanwezig is, waarin beide partijen vrij van het getuigenbewijs kunnen gebruik maken. Hiertegen zij nogmaals opgemerkt, dat de vordering ontstaan is uit de vereeniging van de commercieele daad met de gewoon civiele handeling der andere partij, en dat zoo men zich om de overeenkomst te kenmerken uitsluitend op ééne dier daden wil beroepen, er geen grond bestaat om daartoe de commercieele daad boven de niet commercieele te verkiezen. Bij zijn arrest van 24 Mei 1880, W. 4553, neemt ook het Gerechtshof te 's Gravenhage in hooger beroep van gemeld vonnis deze meening aan en maakt o. a. de volgende zeer ware opmerking: dat de aard van het geding niet verandert, doordien de koopman getuigenbewijs aanvoert tegen den niet-koopman; hier echter staat de aard van het geding volstrekt niet vast, zelfs niet, als men met het Hof de genoemde definitie van handelszaak zonder nader bewijs aanneemt.

Volgens dit gevoelen is de overeenkomst voor beide partijen eene handelszaak en wordt zoowel de koopman als de niet-koopman aan de handelsrechtelijke regelen onderworpen; deze opvatting strijdt echter met het bijzonder karakter van het handelsrecht: op den particulier, die eene gewoon burgerrechtelijke daad pleegde, wordt op deze wijze het exceptioneele of speciale recht toegepast, doordien hij toevallig met een koopman handelde, eene omstandigheid, die hem mischien bij het sluiten van de overeenkomst niet eens bekend was en die hij geen belang had te kennen. Den regel indachtig: jus singulare est strictae interpretationis, zal iedereen toegeven, dat het bloot contracteeren met een koopman geen voldoende reden is om iemand aan het »gemeene recht" te onttrekken en het bijzondere op hem toepasslijk te verklaren; daartoe ware eene stellige bepaling noodig, welke men te vergeefs in de Nederlandsche wetgeving zal zoeken.

Dat nu het koophandelsrecht een exceptioneel, een speciaal recht is, blijkt terstond uit art. 1 W. v. K., waar het Burgerlijk Wetboek, voor zooverre daarvan bij dit Wetboek niet *bijzonderlijk* is afgeweken, ook op handelszaken toepasselijk wordt verklaard. In art. 752, 753 W. v. K. wordt het burgerlijk recht bij tegenstelling van het handelsrecht genoemd het *gemeene* recht. Diephuis, [1]) Kist, [2]) Dijckmeester, [3]) Asser, [4]) allen spreken van het handelsrecht als van een exceptioneel of speciaal recht. Bij de beraadslagingen in de Tweede Kamer gaf ook Mr. Donker Curtius van Tienhoven [5]) dien naam aan het Wetboek van Koophandel, en in gelijken zin liet de Heer Nicolaï [6]) zich uit.

---

1) Handb. v. het Ned. Handelsrecht, 2e dr. I p. 10
2) Beg. v. Handelsrecht. I.
3) Acad. proefschrift.
4) Mag. v. Handelsrecht 1867, Mengelwerk p. 44.
5) Voorduin Gesch. en Beg. der Ned. Wetb. VIII. p. 28.
6) loc. cit. p. 2.

III.

BEHOOREN DE OVEREENKOMSTEN TUSSCHEN KOOPLIEDEN EN NIET-KOOPLIEDEN TOT HET BURGERLIJK RECHT?

Eindelijk rest nog het derde gevoelen, dat nl. eene verbintenis, welke ontstaan is uit eene commercieele daad aan ééne zijde en eene gewoon burgerrechtelijke aan de andere, noch voor den koopman noch voor den particulier van handelsrechtelijken aard is. Dat dit mijns inziens de eenig ware meening is, behoeft na al het voorafgaande bijna niet gezegd. Reeds volgt uit de, naar ik meen, afdoende weerlegging van de beide andere opinies, dat deze derde, het alleen overblijvende der drie mogelijke stelsels, de juiste oplossing der questie bevat.

Onder de rechtsgeleerde schrijvers wordt dit gevoelen door de »Amsterdamsche Advokaten" in hunne bekende uitgave van het Wetboek van Koophandel met aanteekeningen verdedigd. Hunne aanmerking op art. 3 [1]) levert eene kritiek van Holtius' gevoelen over den verkoop van waren; ofschoon hunne terminologie niet geheel juist schijnt, blijkt toch duidelijk hunne overtuiging dat alleen, wanneer beide partijen eene daad van koophandel verrichten, eene handelszaak aanwezig is, dat dus de gevallen, waarin slechts één der contractanten eene commercieele daad pleegt, buiten het handelsrecht liggen; hun beroep op »het karakter der wederkeerige verbintenis koop en verkoop als eenheid" doet hunne meening op ondubbelzinnige wijze uitkomen. De onjuistheid van uitdrukking, die ik bij deze schrijvers meen te vinden, bestaat daarin, dat zij spreken van »*daad*", waar zij moesten spreken van

---

1) 2e dr. p. 4.

»*zaak* van koophandel;" zij ontkennen dat er ten aanzien van den kooper bestaat eene *daad* van koophandel en niet ten aanzien van den verkooper, wanneer eerstgenoemde waren koopt van een niet-koopman met het doel ze weder te verkoopen. Dit zou in zoo lijnrechten strijd zijn met de uitdrukkelijke woorden van art. 3 W. v. K., dat men noodzakelijk aan eene vergissing moet denken en in plaats van *daad* moet lezen *zaak* van koophandel. Zonder aan de eenheid van het koopcontract te kort te doen, kan men gerust de handeling van den een beschouwen als daad van koophandel, die van den ander niet, doch deze verschillende qualificatie behoort slechts subjectief te zijn; alleen wat betreft hem zelve pleegt de koopman eene handelsdaad, niet in de verhouding of betrekking tot zijn medecontractant.

Een vurig verdediger dezer leer vind ik in den Amsterdamschen Hoogleeraar Mr. T. M. C. ASSER, een hevig bestrijder in wijlen zijn Utrechtschen collega Mr. J. A. FRUIN. In de redevoering, bij het aanvaarden van het hoogleeraarsambt uitgesproken, [1]) raakte Mr. Asser even de questie aan of eene handeling tusschen een koopman en een niet-koopman tot het handelsrecht behoort; doch hij vermengt ze met de beoordeeling eener wetsuitlegging van Holtius. Drie jaren later (1865) verscheen in Themis een opstel van prof. Fruin ter bestrijding van dat gedeelte van Asser's oratio inauguralis, maar het minder juiste voetspoor van zijn tegenstander volgend, vereenzelvigt hij de vraag, of Holtius den verkoop van waren als commercieel beschouwt met deze andere of eene overeenkomst, waarvan het sluiten voor den een eene daad van koophandel vormt voor den ander niet, eene handelszaak daarstelt. De antwoorden der beide professoren bevatten steeds dezelfde

---

1) Handelsrecht en handelsbedrijf p. 23.

vermenging; alleen datgene, wat betrekking heeft tot de laatste questie, kan hier ter sprake komen.

»Er is geene daad[1]) van koophandel, zoo sprak Mr. Asser,[2]) wanneer hetzij de kooper hetzij de verkooper niet als koopman handelt; waar een landbouwer zijne veldvruchten aan den koopman of deze zijne waren aan den verbruiker verkoopt, daar is ook zelfs op den koopman het handelsrecht niet van toepassing — maar omgekeerd is dit zoowel op den verkooper als op den kooper toepasselijk daar, waar beide als handelaren de overeenkomst sluiten." Deze zinsnede is ingelascht in eene kritiek van Holtens' meening omtrent den verkoop van waren; scherp zoekende, kan men met veel moeite in die alinea een tweetal argumenten voor Asser's opinie ontdekken. De Hoogleeraar Fruin bespreekt deze en, zooals bij de lezing van de eerste bladzijde van het opstel reeds te verwachten is, verwerpt ze beide. De weerlegging van het argumentum ex absurdo behandelde ik op pag. 30 v.

Mr. Asser vindt in de eenheid van het contract den hoofdgrond voor zijne meening, ofschoon deze in de inwijdingsrede weinig helder is aangehaald. Zijne leer stemt blijkens zijne latere verklaring in W. 2749 volkomen overeen met die der »Amsterdamsche Advokaten." In dien zin opgevat, tracht prof. Fruin haar dan ook te wederleggen; na eene bestrijding van Mr. Asser's redeneering omtrent den verkoop van waren, zegt de schrijver: [3]) »de éénheid van het contract is ook voor mij boven alle be-

---

1) Zeer onjuist spreekt de schr. hier van daad van koophandel; de bedoeling moet echter wezen zaak van koophandel daar anders deze uitdrukking in kennelijken strijd met de wet is, zooals Mr. Fruin terecht opmerkt. (Themis 1865 p. 522). Deze dwaling erkent Mr. Asser dan ook in W. 2947 en Mag. v. Handelsr. 1867. Mengelw. p. 44.

2) Or. inaug. p. 24.

3) Loc. cit. pag. 526.

denking; er ontstaan uit dat contract twee obligationes; — maar die obligationes hebben geen zelfstandig bestaan. Zij bestaan niet enkel naast maar om elkander en men mag daarom de eene niet geheel van de andere afscheiden." Windscheid beschouwt de verplichting als »eine Leistung auf Gegenleistung, doch Prof. Fruin acht in die opvatting de eenheid der overeenkomst niet voldoende erkend; ook de boven aangehaalde argumenten van Holtius vindt hij niet afdoende. »De eenheid van het contract, aldus lees ik verder, laat niet toe dat wij het splitsen in twee op zich zelf staande handelingen — maar die eenheid verhindert ons niet elk van die handelingen (beter: elk van die beide handelingen, waaruit het contract bestaat) [1]) *subjectief* op verschillende wijze te qualificeeren." Met dit beweren kan ik mij in allen deele vereenigen. »Er is volstrekt niets tegenstrijdigs in, wanneer aan hetgeen de een doet, 't karakter van daad van koophandel wordt toegekend, terwijl dit van den ander niet geldt en deze daarbij eene gewoon burgerlijke daad verricht.) De twee daden toch, waaruit de overeenkomst ontstaat, kunnen met betrekking tot hun subject een verschillend karakter bezitten. Waarom zou niet een kooper kunnen koopen om het gekochte weer te verkoopen of het te verhuren, terwijl de verkooper geheel buiten de termen van art. 3 Kh. contracteert? Zonder in flagranten strijd met de wet te geraken kan men dit niet ontkennen.

Volgens mijn bescheiden meening zijn de gevolgen, welke de Hoogleeraar Fruin uit die verschillende qualificatie afleidt, minder juist; hij kent immers in hunne wederkeerige betrekking aan de eene partij commercieele rechten toe, aan de andere gewoon burgerrechtelijke; hij

---

1) Mr. Fruin in W. 2751.

2) G. Diephuis in Opm. en Meded. XVII. p. 150.

handelt dus, als ware dat verschillend karakter der handeling erkend wat betreft de rechtsverhouding tusschen de beide partijen, terwijl het slechts is aangenomen met betrekking tot het subject van iedere daad.

Uit al het voorafgaande blijkt, naar ik meen, dat mijn hooggeachte leermeester er niet in slaagde Asser's gevoelen omver te werpen.

De jurisprudentie levert geen voorbeelden op, waarin deze meening uitdrukkelijk is aangenomen; slechts een tweetal vonnissen, die misschien deze opvatting huldigen zijn mij bekend, misschien zeg ik, daar zij ook voor eene andere uitlegging vatbaar zijn.

Vooreerst een vonnis der Rechtbank te Assen van 29 Februari 1864, W. 2626, laat den eischer, die koopman is, toe en gelast hem om door getuigen te bewijzen èn de ontkende levering èn des gedaagden qualiteit van handelaar; hare beslissing steunt op de overweging »dat de eischer ook aanbiedt te bewijzen des gedaagden hoedanigheid van winkelier en alzoo, in dezen stand van 't geding, de zaak moet worden gehouden voor eene zaak van koophandel." Is de Rechtbank nu van gevoelen, dat getuigenbewijs toelaatbaar is, mits slechts degeen, tegen wien het gebezigd wordt, als koopman handelt? of acht zij het vereischt dat beide partijen eene handelsdaad plegen? Onmogelijk die vragen met volkomen zekerheid uit de motiveering van het vonnis te beantwoorden; alleen dit is zeker, dat de rechter den koopman niet toelaat getuigenbewijs te gebruiken tegen den niet-koopman, daar het anders onnoodig ware het bewijs te vorderen, dat de gedaagde koopman is.

Het andere vonnis is gewezen door de Rechtbank te Maastricht 11 October 1883. De eischer heeft van A. eene vordering gekocht tegen den gedaagde, die echter het bestaan der schuld ontkent; daarop verzoekt de eischer toegelaten te worden om den verkoop en de levering, waaruit het recht van A voortspruit, door getuigen te bewijzen.

De Rechtbank, [1])

O., wat het recht betreft, dat de eischer wel heeft bijgebracht het bewijs dat de vordering hem door A. is verkocht doch niet dat deze op 15 Maart 1878 aan den gedaagde verkocht en geleverd heeft de hiervoor vermelde goederen voor de som van 608.— gld. maar gevraagd heeft te worden toegelaten tot het bewijs door getuigen;

O., dat bewijs door getuigen is toegelaten in zake van koophandel, dat eene schuldvordering door overdracht niet van aard verandert, maar eene daad van koophandel blijft, zelfs al is zij aan eenen niet-koopman overgedragen, dat alzoo de koop van den gedaagde op 15 Maart 1878 van 1½ baal hop voor 400.— gld. zal blijken van zijne zijde te zijn eene daad van koophandel, als het bewijs zal worden geleverd, dat hij tijdens den koop daarvan was brouwer, als moetende zij gehouden worden alsdan door hem te zijn verkocht om dezelve bij het fabriceeren van bier te gebruiken;

O., dat ook wat den koop door den gedaagde der overige op 15 Maart 1878 gekochte goederen betreft, deze voor bewijs door getuigen vatbaar is;

O., dat alzoo het gevraagd bewijs door getuigen behoort te worden toegelaten, behoudens de verplichting der Rechtbank om daarop geen acht te slaan, als daardoor niet mocht bewezen worden dat de gedaagde op 15 Maart 1878 bij den koop van de anderhalve baal hop was brouwer;

Laat den eischer toe tot het bewijs door getuigen van de twee volgende daadzaken:

1) Ik neem dit vonnis in extenso op, daar het in geene verzameling van rechtspraak te vinden is.

1° dat A. op 15 Maart 1878 aan den gedaagde heeft verkocht en geleverd de volgende waren :....

2° dat zoowel genoemde verkooper alsook de gedaagde destijds beiden waren brouwers van beroep.

Benoemt enz.

Dit vonnis hinkt blijkbaar op twee gedachten; van den eenen kant wordt in de motieven alleen gesproken van de daad van koophandel *van den gedaagde*, en de Rechtbank acht zich verplicht op het te leveren getuigenbewijs geen acht te slaan, wanneer niet ook bewezen mocht worden, dat de gedaagde ten tijde van den koop brouwer en dus koopman was; van den anderen kant echter vordert zij tevens het bewijs, dat ook de *verkooper* der goederen was handelaar op het tijdstip van den verkoop. Door het eerste schijnt de Rechtbank aan te nemen dat het voldoende is, dat de gedaagde koopman zij maar waarom gelast zij dan ook het bewijs van het commerciëele beroep van des eischers auteur? —

Welke zijn nu de gronden, waarop dit derde gevoelen m. i. als het eenig juiste is te beschouwen?

Op geen bepaald wetsartikel kan ik mij beroepen tot staving van dat beweren; nergens heeft de wetgever iets, hoe weinig dan ook, over zijne opvatting van het begrip handelszaken uit het hier bedoelde oogpunt gezegd of laten doorstralen. Toen bij de beraadslagingen over den IV^den^ Titel van het 1ste Boek van het W. v. B. Rv. sommige leden aan de Regeering eenige inlichtingen vroegen omtrent de beteekenis van dat woord, ontvingen zij ten antwoord dat het Wetboek van koophandel den zin van die uitdrukking zou aangeven; doch te vergeefs zoekt men in dat wetboek eenige aanwijzingen dienaangaande. Tot oplossing dezer strijdvraag moet de wetsuitlegger dus zijn toevlucht nemen tot de algemeene rechtsbeginselen; hij moet toezien, hoe hij met inachtneming dier regelen aan de artikelen, wier interpretatie hij beoogt, het best een juridisch logischen zin zal geven.

Om dat doel te bereiken, beschouwde ik welke gevoelens omtrent den aard eener overeenkomst gesloten tusschen een koopman en een niet-koopman denkbaar zijn; de drie meeningen, welke mij bleken de eenig mogelijke te zijn, toetste ik achtereenvolgens aan de algemeene rechtsbeginselen.

Het eerste gevoelen dat een dergelijke verbintenis voor den een is commercieel, voor den ander gewoon burgerrechtelijk, strijdt met de eenheid van het contract, hetwelk geen verschillend karakter voor de verschillende partijen gedoogt. Buitendien leidt deze opvatting tot zoo talrijke onoplosbare moeilijkheden dat, al mocht zij theoretisch voldoen, zij toch praktisch geheel onbruikbaar is.

De tweede meening beschouwt de overeenkomst als eene handelszaak voor beide partijen, doch verliest aldus het karakter van het handelsrecht uit het oog; ofschoon dat recht van exceptioneelen of specialen aard is, breidt zij het gebied daarvan uit tot den niet-koopman, zonder dat eenige wetsbepaling die uitbreiding rechtvaardigt; dus ook deze uitlegging schendt een algemeen rechtsbeginsel.

Reeds uit de juridisch en logisch gebleken onjuistheid der eerste twee opinies blijkt de juistheid der derde meening, die de eenige nog mogelijke is. Geen der bezwaren, die men tegen de beide andere gevoelens kan aanhalen, geldt tegen deze theorie: de eenheid van het contract is volmaakt geëerbiedigd; de talrijke praktische moeilijkheden verdwijnen; beide partijen hebben dezelfde rechten en het handelsrecht vindt geene toepassing op den niet-koopman, die een bloot civiele handeling verricht.

De jure constituendo zullen er misschien gronden zijn, die deze opvatting minder wenschelijk maken; op die bezwaren mag echter de wetsuitlegger niet letten; zij behooren tot het gebied van de wetgevende macht, wier taak het is bij herzieningen die moeilijkheden uit den weg te ruimen. Toch, geloof ik, hebben velen zich door utiliteitsredenen laten afschrikken van de leer, dat de overeenkomsten tusschen kooplieden en niet-kooplieden aan het burgerlijk recht onderworpen zijn; de wenschelijkheid b. v. om aan de eene of andere partij het getuigenbewijs toe te staan haalde misschien sommigen tot een ander gevoelen over. Een voorbeeld, dat een schrijver zich door beschouwingen van wijsgeerigen aard, tegen eene meening laat innemen, levert ons S. M. [1]) want hij haalt als een argument tegen de Amsterdamsche vonnissen, die hij bestrijdt, aan, dat de daarin gehuldigde meening ten gevolge zou hebben, dat alle verkoop door winkeliers en kooplieden aan particulieren eene handelszaak voor de eersten is met alle daaraan verbonden voorrechten; »dan zullen de burgerlijke zaken, zoo zegt de schrijver verder, in tegenoverstelling van de koophandelszaken bijna uit de rij der maatschappelijke handelingen verdwijnen." Al moge dit een minder gewenscht gevolg zijn, den wetsuitlegger mag het niet weerhouden om deze of gene leer aan te nemen; alleen wanneer die theorie op de wet toegepast leidt tot onlogische tegenstrijdige resultaten of tot onmogelijke praktische gevolgen, dan dient zij verworpen te worden, doch bezwaren, geput uit de mindere wenschelijkheid van eene of andere oplossing, komen slechts bij het vaststellen, niet bij het interpreteeren van wetsbepalingen ter sprake.

Wellicht zal men meenen in art. 586 1° W. v. B. Rv. een argument te vinden tegen deze theorie, welke overeenkomsten tusschen kooplieden en niet-kooplieden be-

---

1) loc. cit. p. 509.

schouwt als gewoon burgerrechtelijk voor beide partijen. Dat artikel luidt: »Lijfsdwang heeft mede plaats: 1° tegen alle kooplieden voor handelsschulden, zelfs voor de zoodanige, tot welke zij verbonden zijn jegens personen, die geene kooplieden zijn." Door de verplichting van een koopman, uit zijn handel ontstaan, eene handelsschuld te noemen heeft de wetgever eene rein subjectieve qualificatie van dat obligo gegeven, even als hij b. v. den koop om weer te verkoopen, ofschoon gesloten met een particulier, als eene daad van koophandel beschouwt. Dit blijkt duidelijk uit de beteekenis, die algemeen aan deze bepaling wordt gegeven: dat namelijk lijfsdwang is toegelaten tegen kooplieden wegens schulden voortspruitende uit door hen gepleegde daden van koophandel, in tegenstelling van particuliere schulden b. v. voor hun huishouden gemaakt. Die handelsrechtelijke hoedanigheid, aan de schuld in dit geval toegekend, levert zelfs geen vermoeden op voor de meening, dat de wetgever eene overeenkomst tusschen een koopman en een niet-koopman zou hebben beschouwd als commercieel voor den eerste en als niet-commercieel voor den laatste.

Ook is het in geenen deele onlogisch of strijdig met de eenheid van het contract om de nakoming der verplichtingen voor den een door meerdere middelen van executie te verzekeren dan voor zijne wederpartij; evenmin zou er eenige ongerijmdheid in opgesloten liggen, indien de wetgever aan den koopman getuigenbewijs toestond tegen den niet-koopman, indien hij vaststelde dat de commercieele rechtspleging zou plaats vinden alleen tegen den koopman, of indien hij bepaalde dat de moratoire interessen voor kooplieden, zelfs tegenover particulieren, zes ten honderd zouden bedragen, mits hij in al deze gevallen den rechtstoestand duidelijk regelde. Doch thans heeft de wet deze voorrechten laten afhangen van den aard van het geding; zoo dit eene handelszaak is, gelden de speciale voorschriften voor den koophandel, en is het geene handelszaak, dan is het Burgerlijk Recht toepasselijk. Of er nu eene handelszaak aanwezig is, moet men, bij gebreke eener wetsbepaling daarover, uit de algemeene rechtsbeginselen afleiden; en dan meen ik op de reeds ontwikkelde gronden te moeten aannemen, dat slechts van handelszaken sprake kan zijn, waar beide partijen eene daad van koophandel plegen.

Ten slotte schijnen mij eenige beschouwingen over sommige buitenlandsche wetgevingen niet misplaatst.

De Fransche Code de Commerce en ook de Belgische bevatten dezelfde bepalingen als onze wet, en daar bestaat ook dezelfde strijd, die bij ons de rechtsgeleerde schrijvers verdeelt.

Anders is het gesteld met de Duitsche en Italiaansche wetgevingen, waarin stellige bepalingen voorkomen omtrent de overeenkomsten, welke slechts voor ééne partij eene handelsdaad bevatten; beide wetboeken achten dan het handelsrecht op de twee partijen toepasselijk; beider bepalingen zijn op gelijke wijze ontstaan.

In het I^e Pruisische ontwerp vond men de leer, dat dergelijke overeenkomsten voor den koopman commercieel waren, voor den particulier niet, en dat zij dan ook voor den eerste naar handelsrecht, voor den laatste naar gewoon civielrecht moesten beoordeeld worden, doch de bijvoeging, »so weit eine Trennung überbaupt möglich ist," verried, dat de ontwerpers reeds voorzagen, dat de toepassing hunner theorie niet altijd zou mogelijk wezen. Tegen deze opvatting verhief Brinkmann [1]) zijne stem; hij noemde reeds vroeger [2]) dat beginsel »in sich un-

1) Archiv für Civ. Praxis. XXXII.

2) Lehrb. des Handelsrechts p. 6.

richtig" en schreef verder: »das Geschäft kann nur eine und dieselbe rechtliche Natur haben. Rechte und Pflichte der Kontrahenten können nur nach dem gemeinen Civilrecht vor dem gemeinen Civilgerichte oder nach dem Handelsrechte vor dem Handelsgerichte, wo ein solches vorhanden ist, beurtheilt werden. Ein Handelsgeschäft is für beide oder alle Kontrahenten ein Handelsgeschäft." Reeds het volgende ontwerp huldigde een ander gevoelen, namelijk dat zulke contracten voor beide partijen tot het handelsrecht behooren; met eenige wijziging ging die bepaling over in art. 277 [1]) van het Alg. Duitsch Handelswetboek. Anders is het met rechterlijke competentie gesteld; in de limitatieve opsomming der zaken, [2]) die aan de »Handelskammer der Landgerichte" zijn opgedragen, worden de geschillen uit eenzijdige daden van koophandel niet genoemd en behooren dus in eersten aanleg tot de bevoegdheid der »Civilkammer".

De geschiedenis van het Italiaansche Handelswetboek is volmaakt dezelfde: aanvankelijk huldigde men het gevoelen, dat slechts die partij, welke eene daad van koophandel verrichtte, aan het handelsrecht onderworpen was. In eene beoordeeling van dat ontwerp [3]) noemt Hauser het »ungereimt, wenn der Zeugenbeweis über die handelsgeschäftliche Seite eines Rechtsgeschäftes zulässig, über die andere Seite desselben ausgeschlossen wäre." Volgens den Codice di Commercio, [4]) welke onlangs werd ingevoerd, is op beide partijen het commercieele recht toe-

---

1) Bei jedem Rechtsgeschäft, welches auf der Seite eines der Kontrahenten ein Handelsgeschäft ist, sind die Bestimmungen des vierten Buchs in Beziehung auf beide Kontrahenten gleichmässig anzuwenden, enz.

2) Gerichtsverfassungsordnung § 101.

3) Krit. Vierteljahrschrift für Gesetzgebung und Rechtswissenschaft VIII p. 425.

4) Se un atto è commerciale per una sola delle parti, tutti i con-

passelijk en de vorderingen, uit soortgelijke overeenkomsten spruitende, worden alle tot de handelsrechtspleging gebracht. Als oorzaak dier verandering vermeldt de Turijnsche Hoogleeraar Vidari, dat men daardoor de talrijke ongerieven die zich vroeger voordeden wilde vermijden, en tevens eenheid van rechtspleging en gelijkheid van bewijsmiddelen verkrijgen.

Wat zal omtrent deze rechtsvraag de opvatting zijn van het ontwerp, waaraan ten onzent de commissie tot herziening van het W. v. K. arbeidt? Onmogelijk den geheimzinnigen sluier, die dit aan onze oogen onttrekt, te doordringen: moge eene stellige wetsbepaling beide partijen aan het handelsrecht onderwerpen.

traenti sono, per ragione di esso, soggetti alla legge commerciale, fuorchè alle dispozisioni, che rigardano le persone dei commercianti, e salve le disposisioni contrarie della legge. (art. 54)

Se l'atto è commerciale anche per una sola delle parti, l'azioni, che ne derivano, appartengono alla giurisdizione commerciale (art. 870).

1) Il nuovo Codice di Commercio, illustrato da E. Vidari ad art. 54.

STELLINGEN.

I.

Onder de bij art. 216 B. W. bedoelde verbeteringen is niet begrepen de betimmering van een bevorens onbebouwde eigendom van een der echtgenooten.

II.

De curator in het faillissement van den legitimaris behoort niet tot de »rechthebbenden" in art. 967 B. W.

III.

Zoolang een beneficiaire erfgenaam niet tot het afleggen van rekening en verantwoording is gesommeerd, kan hij niet tot betaling van schulden des boedels worden aangesproken.

IV.

De »korte tijd" van art. 1547 B. W. begint eerst te loopen van het oogenblik der levering.

V.

Wanneer eene overeenkomst slechts aan ééne zijde eene daad van koophandel is, dan is het daaruit voortspruitende geschil geene handelszaak.

--

VI.

In geval bij de polis is bedongen, dat de verzekerde geene aanspraak op vergoeding van brandschade heeft, indien of zoolang de verschuldigde jaarpremie niet is betaald, kan de verzekeraar na verloop van het jaar, waarvoor de premie onbetaald is gebleven, de premie niet meer vorderen.

VII.

De bij art. 774 W. v. K. bedreigde nietigheid treft niet de handeling, waarbij binnen den tijd van veertig dagen voor den aanvang van het failissement eene inpandgeving heeft plaats gehad, ten uitvoering van eene vóór den termijn aangegane overeenkomst.

VIII.

Art. 4. 6° W. v. B. Rv. is niet imperatief, maar facultatief.

IX.

Ook de schuldeischers van den gearresteerde, wier recht na het gelegde beslag is ontstaan, zijn bevoegd verzet te doen tegen de afgifte der kooppenningen.

X.

Noch medeplichtige noch mededaders bij de wegneming, bedoeld in art. 380a C. P. zijn strafbaar.

XI.

Personen beneden de zestien jaar, welke niettemin onder eede verklaring hebben afgelegd, kunnen niet wegens valsch getuigenis worden gestraft.

—

XII.

Weigering om de woorden: »Zoo waarlijk helpe mij [G]od Almachtig" uit te spreken kan noch in burgerlijke [n]och in strafzaken als eedsweigering worden aangemerkt.

XIII.

Onwettig is het koninklijk Besluit van 8 Mei 1863, [S]tb. n° 56, houdende aanwijzing der openbare ambtenaren, [b]evoegd tot het houden van openbare verkoopingen van [r]oerende goederen, aan gemeenten of waterschappen toe[g]ehoorende, en van goederen, bedoeld in art. 554 en 557 [W]. v. K. en in art. 279 Gemeentewet.

XIV.

Ten onrechte wordt art. 194. al. 2. Grondwet in dien [z]in opgevat dat het consessioneel onderwijs in de open[b]are scholen altijd is uitgesloten, zelfs wanneer alle de [a]anwezige kinderen van dezelfde gezindte zijn.

XV.

Octrooien van uitvinding verdienen aanbeveling, mits [z]ij slechts voor korten tijd worden verleend.

www.ingramcontent.com/pod-product-compliance
Lightning Source LLC
LaVergne TN
LVHW011955160826
845678LV00002B/557